Todos los libros de Linkgua Ediciones cuentan con modelos de Inteligencia Artificial entrenados por hispanistas. Pregúntale al chat de tu libro lo que desees acerca de la obra o su autor/a.

Para **ebooks**: Accede a nuestro modelo de IA a través de este enlace.

Para **libros impresos**: Escanea el código QR de la portada con tu dispositivo móvil.

Obtén análisis detallados de nuestros libros, resúmenes, respuestas a tus preguntas y accede a nuestras ediciones críticas generativas para una experiencia de lectura más enriquecedora.
La transparencia y el respeto hacia la autoría de las fuentes utilizadas son distintivos básicos de nuestro proyecto. Por ello, las respuestas ofrecen, mediante un sistema de citas, las fuentes con las que han sido elaboradas.

Autores varios

# Ley Constitucional del 3 de febrero de 1934

Barcelona 2024
Linkgua-ediciones.com

# Créditos

Título original: Ley Constitucional del 3 de febrero de 1934.

© 2024, Red ediciones S. L.

e-mail: info@linkgua.com

Diseño de la colección: Michel Mallard.

ISBN rústica ilustrada: 978-84-995-3872-3.
ISBN ebook: 978-84-9642-806-5.

# Sumario


**Créditos**     **4**

Ley Constitucional del 3 de febrero de 1934     7

Título I. De la nación, de su forma de gobierno y del territorio nacional     9

Título II. De los cubanos     10

Título III. De los extranjeros     12

Título IV. De los derechos que garantiza esta Ley Constitucional     13
    Sección primera. Derechos individuales     13
    Sección segunda. Derecho de sufragio     19
    Sección tercera. Suspensión de las garantías constitucionales     20

Título V. De la soberanía y los Poderes públicos     22

Título VI. De los Poderes públicos     23

Título VII. Del Poder Ejecutivo     24
    Sección primera. Del ejercicio del Poder Ejecutivo     24
    Sección segunda. Del Presidente de la República, y de sus atribuciones y deberes     24
    Sección tercera. De la sustitución presidencial     26

Título VIII. Del Consejo de Secretarios     28
    Sección primera. Su organización     28
    Sección segunda. De las atribuciones del Consejo de Secretarios     29

Sección tercera. De la iniciativa y formación de los Decretos-Leyes, su sanción y promulgación     30

Sección cuarta. De las sesiones del Consejo de Secretarios     31

Sección quinta. De los miembros del Consejo de Secretarios     31

Sección sexta. De los Secretarios auxiliares del despacho     32

Título IX. Del Consejo de Estado     33

Sección primera. Su organización     33

Sección segunda. De las atribuciones y funcionamiento del Consejo de Estado     33

Título X. De la inmunidad     35

Título XI. Del Poder Judicial     36

Sección primera. Del ejercicio del Poder Judicial     36

Sección segunda. Del Tribunal Supremo de Justicia     36

Sección tercera. Disposiciones generales acerca de la Administración de Justicia     39

Título XII. Del Ministerio Fiscal     42

Título XIII. Del régimen provincial municipal     43

Título XIV. De la Hacienda nacional     44

Título XV. De la duración del Gobierno provisional y la Asamblea Constituyente     45

Título XVI. Sobre sanciones y amnistías     47

Título XVII. De la reforma de esta Ley Constitucional     48

Título XVIII. De las obligaciones internacionales     49

Disposiciones generales y transitorias     49

# Ley Constitucional del 3 de febrero de 1934

*(3 de febrero de 1934)*
Cuba

Citando los Estados Unidos de América nos ayudaron en 1898 a libertarnos de España y se comenzó a preparar al país para inaugurar la República de Cuba el 20 de mayo de 1902, fecha en que entró a formar parte de la comunidad internacional, muchos de los más grandes hijos de Cuba, de los que más se habían distinguido por la fuerza de su inteligencia o de su brazo en las contiendas por la libertad, en unas libres elecciones fueron designados Delegados a la Asamblea Constituyente que, en 1901, aprobó la única legítima Constitución que desde el establecimiento de la República ha regido nuestros destinos.

Las modificaciones que, con atropello de la Constitución y de las Leyes, se hicieron en 1928 de algunos Artículos de esa Ley Fundamental de 1901, produjeron toda la terrible per turbación, todo el desastre que, iniciado en 1927, aún subsiste como consecuencia de la tiranía que al amparo de las mencionadas reformas se estableció en nuestra Patria.

Porque resultaba inmoral que subsistiesen preceptos constitucionales incorporados a la Constitución de 1901 por consecuencia del golpe de Estado que significó la mencionada Reforma, el primer Gobierno revolucionario que se estableció a la caída de la situación política que tanto daño ha causado a nuestra Nación y a su pueblo, así como a su crédito internacional, se apresuró a limpiar de ellos dicha Constitución.

No existe, pues, ningún motivo racional o legítimo que aconseje seguir privando a nacionales y extranjeros, aunque sea temporalmente, de los más sagrados derechos y libertades de que se les ha privado al dejar de lado, como se hizo en el Estatuto de 14 de septiembre de 1933, la Constitución de 1901, si bien es verdad que su derogación o suspensión no ha sido en ningún momento taxativamente acordada, ordenada o decretada.

Es por ese error, y sólo por ese error, por lo que, desde el 5 de septiembre pasado, se vive en Cuba en un estado de intranquilidad permanente, privado el ciudadano de todos sus derechos y con las omnímodas facultades los gobernantes y funcionarios públicos.

Se ha estimado por algunos que debiera restablecerse en toda su fuerza y vigor la Constitución del 21 de febrero de 1901. Pero atendiendo al estado de opinión que en el espíritu público se ha formado contra ella, y habida cuenta de que muchos de sus Títulos carecen de aplicación actualmente, dada la organización especial que debe tener el Gobierno provisional, éste ha estimado que es más conveniente, como lo ha hecho, discutir, acordar y promulgar preceptos constitucionales que, sin apartarse en lo posible de los principios básicos de nuestra organización fundamental, la adapten a las necesidades del momento actual, haciendo también más eficaz el ejercicio de los derechos individuales.

Por todo lo expuesto, el Gobierno provisional de Cuba, formado por el Presidente provisional de la República y los Secretarios del Despacho que suscriben, interpretando la voluntad del pueblo cuya mayoría estiman representar,

RESUELVE:

Aprobar y promulgar la siguiente Ley Constitucional de la República de Cuba.

## Título I. De la nación, de su forma de gobierno y del territorio nacional

**Artículo 1.** El pueblo de Cuba es un Estado independiente y soberano, cuya forma de gobierno es la republicana.

**Artículo 2.** Componen el territorio de la República la Isla de Cuba y la Isla de Pinos, así como las demás Islas y Cayos adyacentes que con ella estaban bajo la soberanía de España hasta la ratificación del Tratado de París, de 10 diciembre de 1898.

# Título II. De los cubanos

**Artículo 3.** La condición de cubano se adquiere por nacimiento o por naturalización.

**Artículo 4.** Son cubanos por nacimiento:

Primero. Los nacidos en el territorio de la República.

Sin embargo, los hijos de padres extranjeros podrán, al llegar a la mayoría de edad, reclamar su inscripción en el Registro correspondiente, caso en el cual no perderán la ciudadanía cubana;

Segundo. Los nacidos fuera del territorio de la República de padre o madre cubanos;

Tercero. Los nacidos en el extranjero de padres naturales de Cuba que hayan perdido la nacionalidad cubana, siempre que, cumplida la mayor edad, reclamen su inscripción como cubanos en el Registro correspondiente.

**Artículo 5.** Son cubanos por naturalización:

Primero. Los extranjeros que, habiendo pertenecido al Ejército Libertador, reclamaron la nacionalidad cubana dentro de los seis meses siguientes a la promulgación de la Constitución de 21 de febrero de 1901;

Segundo. Los españoles residentes en el territorio de Cuba en 11 de abril de 1899 que no se inscribieron como tales españoles en los Registros correspondientes hasta igual mes y día de 1900;

Tercero. Los africanos que hayan sido esclavos en Cuba y los emancipados comprendidos en el Artículo 13 del Tratado de 28 de junio de 1835 celebrado entre España e Inglaterra;

Cuarto. Los demás extranjeros que, establecidos en Cuba antes del primero de enero de 1899, hayan conservado su domicilio después de dicha fecha y reclamado la nacionalidad cubana dentro de los seis meses siguientes a la promulgación de la Constitución de 21 de febrero de 1901;

Quinto. Los extranjeros que, después de cinco años de residencia en el territorio de la República y no menos de un año desde que declaren su intención de adquirir la nacionalidad cubana, obtengan carta de naturalización con arreglo a las leyes;

Sexto. Las extranjeras casadas con cubanos por nacimiento o naturalización, siempre que no opten por su ciudadanía de origen.

**Artículo 6.** La condición de cubano se pierde:

Primero. Por adquirir ciudadanía extranjera;

Segundo. Por admitir empleos, estipendios u honores de otro Gobierno sin licencia del de la República;

Tercero. Por entrar al servicio de las armas de una Nación extranjera sin la misiva licencia;

Cuarto. Por residir el cubano naturalizado cinco años continuos en el país de su nacimiento, a no ser por razón de empleo o comisión del Gobierno de la República.

**Artículo 7.** La cubana casada con extranjero será siempre considerada ciudadana cubana.

**Artículo 8.** La condición de cubano podrá recuperarse con arreglo a lo que prescriban las leyes.

**Artículo 9.** Todo cubano está obligado:

Primero. A servir a la patria con las armas en los casos y formas que determinen las leyes;

Segundo. A prestar cuantos servicios sean necesarios en los casos de emergencia, según se determine en Decretos-Leyes;

Tercero. A contribuir a los gastos públicos en la forma y proporción que dispongan las leyes.

# Título III. De los extranjeros

**Artículo 10.**  Los extranjeros residentes en el territorio de La República se equiparan a los cubanos:

Primero. En cuanto a la protección de sus personas y bienes;

Segundo. En cuanto al goce de los derechos garantizados en la Sección Primera del Título siguiente, con excepción de los que en ella se reconocen exclusivamente a los nacionales, y además con las limitaciones que se impongan referentes al trabajo que preferentemente debe ser ejercido por cubanos nativos o nacionalizados bajo los términos y condiciones que establezcan las leyes que se dicten;

Tercero. En cuanto al goce de los derechos civiles, en las condiciones y con las limitaciones que establezca la Ley de Extranjería;

Cuarto. En cuanto a la obligación de observar las leyes, decretos, Decretos-Leyes, reglamentos, resoluciones y demás disposiciones que estén en vigor en la República;

Quinto. En cuanto a la sumisión a la potestad y a las resoluciones de los Tribunales y demás autoridades de la República;

Sexto. En cuanto a la obligación de contribuir a los gastos públicos.

## Título IV. De los derechos que garantiza esta Ley Constitucional

Sección primera. Derechos individuales

**Artículo 11.** Todos los cubanos son iguales ante la Ley. La República no reconoce fueros ni privilegios personales.

**Artículo 12.** Las Leyes penales tendrán efecto retroactivo si fueren favorables al delincuente o procesado, excepto si el beneficio aprovechare a los reos de delitos electorales de carácter doloso.

**Artículo 13.** Las obligaciones de carácter civil que nazcan de los contratos o de otros actos u omisiones que las produzcan, no podrán ser anuladas ni alteradas por el Poder Ejecutivo ni por el Consejo de Secretarios cuando ejercite sus facultades legislativas.

**Artículo 14.** No podrá imponerse en ningún caso la pena de muerte por delitos de carácter político, los cuales serán definidos por la Ley.

**Artículo 15.** Nadie podrá ser detenido sino en los casos y en la forma que prescriban las Leyes.

Se procederá en todos los casos y por todas las autoridades o sus agentes a levantar acta de la detención, haciendo constar la autoridad que la ordena y la causa que la provoca, así como el lugar a donde haya de ser conducida la persona detenida. De esa acta se entregará copia, antes de que transcurran las veinticuatro horas, a la autoridad judicial correspondiente. A ese efecto, se creará un Registro de detenidos y presos en la forma que determine la Ley.

**Artículo 16.** El hecho de hacer uso de las armas contra el detenido o preso que intente fugarse hará responsable a su autor del delito cometido según las Leyes.

**Artículo 17.** Todo detenido será puesto en libertad o entregado al Juez o Tribunal competente dentro de las veinticuatro horas siguientes al acto de la detención.

**Artículo 18.** Toda detención se dejará sin efecto o se elevará a prisión dentro de las setenta y dos horas de haber sido entregado el detenido al Juez o Tribunal competente. Dentro del mismo plazo se notificará al interesado la providencia que se dictare.

**Artículo 19.** Nadie podrá ser preso sino en virtud de mandamiento de Juez o Tribunal competente.

El auto en que se haya dictado el mandamiento se ratificará o repondrá, oído el presunto reo, dentro de las setenta y dos horas siguientes al acto de la prisión.

**Artículo 20.** Nadie podrá ser procesado ni sentenciado sino por Juez o Tribunal competente, en virtud de Leyes anteriores al delito y en la forma que éstas establezcan.

**Artículo 21.** Toda persona detenida o presa sin las formalidades legales, o fuera de los casos previstos en esta Ley Constitucional o en las demás Leyes, será puesta en libertad a petición suya o de cualquier otra persona, mediante un sumarísimo procedimiento de *Habeas Corpus* ante las Tribunales ordinarios de Justicia. Éstos no podrán declinar su jurisdicción en ningún caso, ni por ninguna causa, a favor de Tribunales de otro orden.

Será obligatoria la presentación de toda persona detenida o presa, sea ésta civil o aforada, cualquiera que sea el poder o la autoridad o funcionario civil, militar o naval o persona o entidad que la retenga, sin que pueda alegarse obediencia debida.

Si no se presentare ante el Juez o Tribunal a la persona detenida o presa, se decretará la detención del infractor, que será juzgado como reo de un delito de desobediencia grave por el Tribunal ordinario competente, sin perjuicio de la investigación y el castigo de los otros delitos que resulten cometidos. De igual modo se procederá contra toda persona, sea civil o aforada, que tenga custodiado al detenido o preso.

**Artículo 22.** Nadie está obligado a declarar contra sí mismo ni contra su cónyuge o su pariente, dentro del cuarto grado de consanguinidad o segundo de afinidad.

La persona que infringiere esta garantía individual, haciendo declarar, por cualquier medio, al detenido o preso contra sí mismo o contra las indicadas personas, incurrirá en la pena correspondiente a los responsables de un delito de coacción, si el hecho realizado no constituyere un delito más grave. La declaración así prestada no será válida.

A ninguna persona podrá hacérsele declarar contra otra usando de la violencia.

Ninguna persona detenida o presa podrá ser incomunicada, y los que infringieren esta disposición incurrirán en la pena correspondiente a los responsables de un delito de detención ilegal.

**Artículo 23.** Es inviolable el secreto de la correspondencia y demás documentos privados, y ni aquélla ni éstos podrán ser ocupados ni examinados sino por disposición de autoridad competente y con las formalidades que prescriban las Leyes. En todo caso, se guardará secreto respecto de los extremos ajenos al asunto que motivare la ocupación o examen.

También se declara inviolable en los mismos términos el secreto de la comunicación telefónica y telegráfica.

**Artículo 24.** El domicilio es inviolable, y, en su consecuencia, nadie podrá entrar de noche en el ajeno sin el consentimiento de su morador, a no ser para auxiliar o socorrer a víctimas de delito o desastre; ni de día, sino en los casos y en la forma determinados por la Ley.

En caso de suspensión, de esta garantía, será necesario para penetrar en el domicilio que lo haga la propia autoridad competente, mediante acuerdo escrito, del que se dejará copia autorizada al morador o a sus familiares, o al vecino más cercano, según proceda. Cuando la autoridad delegue en un agente suyo se procederá del mismo modo.

**Artículo 25.** Nadie podrá ser compelido a mudar de domicilio o residencia sino por mandato de autoridad competente y en los casos previstos por las Leyes.

**Artículo 26.** Toda persona tiene derecho a emitir libremente sus ideas y opiniones, valiéndose de cualquier medio de difusión, sin sujetarse a previa censura; sin perjuicio de las responsabilidades que impongan las Leyes cuando por algunos de esos medios se atente contra la honra de las personas, el orden social o la tranquilidad pública.

En ningún caso podrá recogerse la edición de libros o periódicos sino en virtud de mandamiento de autoridad judicial competente.

No podrá decretarse la suspensión de ningún periódico sino por sentencia firme.

Ningún impreso de autor o editor que resida dentro del territorio nacional podrá ser reputado clandestino.

**Artículo 27.** Es libre la profesión de todas las religiones, así como el ejercicio de todos los cultos, sin otra limitación que el respeto a la moral cristiana y al orden público.

La Iglesia está separada del Estado, el cual no podrá subvencionar en caso alguno ningún culto.

**Artículo 28.** Toda persona tiene derecho a dirigir peticiones a las autoridades, a que sus peticiones sean resueltas y a que se le notifique las resoluciones que a ellas recaigan.

Las Leyes fijarán término para dictar resolución en las peticiones formuladas y en todos los recursos administrativos que se concedan y para su notificación a los interesados; pero en ningún caso podrán esos términos exceder de noventa días.

Vencido el término que la Ley conceda, o el de noventa días, si ésta no establece otro menor o no lo tiene señalado, sin que se haya dictado la resolución y notificado la misma a los interesados, se entenderá declarado sin lugar el recurso establecido, y podrá interponerse el que contra esa resolución consigne la Ley.

**Artículo 29.** Todos los habitantes de la República tienen el derecho de reunirse pacíficamente y sin armas, y el de asociarse para todos los fines lícitos de la vida.

**Artículo 30.** Toda persona podrá, entrar en el territorio de la República, salir de él, viajar dentro de sus límites y mudar de residencia, sin necesidad de carta de seguridad, pasaportes u otros requisitos semejantes, salvo lo que se disponga en las Leyes sobre inmigración y las facultades atribuidas a la autoridad en caso de responsabilidad criminal.

**Artículo 31.** Ningún cubano podrá ser expatriado ni a ninguno podrá prohibírsele la entrada en el territorio de la República.

Los extranjeros residentes o domiciliados podrán ser expulsados del territorio de la República previa sentencia de Juez o Tribunal, conforme a un procedimiento sumario que la Ley determine y por las causas que ella señale, o por resolución fundada de autoridad competente, de acuerdo con lo que dispongan la Ley de Inmigración o cualquier otra.

**Artículo 32.** La enseñanza primaria es obligatoria. El Estado cuidará preferentemente de la instrucción y educación de los ciudadanos.

Toda persona podrá aprender o enseñar libremente cualquier ciencia, arte o profesión, y fundar y sostener establecimientos de educación y de enseñanza; pero corresponde al Estado la determinación de las profesiones en que exija títulos especiales, la de las condiciones para su ejercicio, incluso las de nacionalidad o ciudadanía, la de los requisitos necesarios para obtener los títulos y la expedición de los mismos, de conformidad con lo que establezcan las Leyes.

El Estado tendrá la alta inspección de todos los establecimientos de educación y de enseñanza privada.

La enseñanza superior estará a cargo del Estado. La Universidad de La Habana gozará de plena autonomía administrativa y académica, y para su sostenimiento se consignará en los presupuestos anuales de la nación la cantidad necesaria, que no será menos del 2 por 100 del importe de los presupuestos de gastos del Estado, con excepción del servicio de la Deuda pública.

**Artículo 33.** Nadie podrá ser privado de su propiedad sino por autoridad competente y por causa justificada de utilidad pública, previa la correspondiente indemnización. Si no precediere este requisito, los Jueces y Tribunales ampararán y, en su caso, reintegrarán al expropiado.

**Artículo 34.** No podrá imponerse en ningún caso la pena de confiscación de bienes.

No obstante, el Poder Ejecutivo o el Consejo de Secretarios podrán acordar las medidas y Leyes pertinentes, al objeto de retener, embargar y ocupar bienes, valores, derechos y acciones de personas declaradas o no responsables; pero acusadas de haber causado grave daño al Tesoro Público de modo directo y en el ejercicio de cargos o función pública, y precisamente en la época comprendida del 20 de mayo de 1925 al 12 de agosto de 1933, hasta que los Tribunales resuelvan sobre el tanto de culpa y responsabilidad de los acusados.

**Artículo 35.** Nadie está obligado a pagar contribución, impuesto ni multa, tenga ésta o no carácter penal, que no estuvieren establecidos por las Leyes y cuya cobranza no se hiciere en la forma prescrita por las mismas.

**Artículo 36.** Todo autor o inventor gozará de la propiedad exclusiva de su obra o invención, por el tiempo y en la forma que determina la Ley.

**Artículo 37.** La enumeración de los derechos garantizados expresamente por esta Ley Constitucional no excluye otros que se deriven del principio de la soberanía del pueblo y de la forma republicana de gobierno.

**Artículo 38.** Las Leyes, Decretos, Decretos-Leyes, Reglamentos, Ordenes y disposiciones de cualquier clase, sean cuales fueren el Poder, autoridad o funcionario que los hubieren dictado, que regulen el ejercicio de los derechos que esta Ley Constitucional garantiza, serán nulos si los disminuyen, restringen o adulteran.

El Tribunal Supremo lo declarará así a petición, en todo tiempo, de cualquier ciudadano en la forma que determina esta Ley Constitucional para los recursos de inconstitucionalidad, sin que puedan volver a aplicarse.


Sección segunda. Derecho de sufragio

**Artículo 39.** Todos los cubanos de uno u otro sexo tienen derecho de sufragio activo y pasivo en las condiciones y con los requisitos y excepciones que determinen las Leyes.

El sufragio popular determinará la forma de gobierno de la República y la designación de sus mandatarios.

**Artículo 40.** La legislación que promulgue el Gobierno provisional fijará las condiciones en que pueda ser ejercitado el derecho de sufragio, así como las Leyes y el procedimiento, que aseguren la pureza del mismo.

Sección tercera. Suspensión de las garantías
constitucionales

**Artículo 41.** Las garantías establecidas en los Artículos decimoquinto, decimoséptimo, decimoctavo, decimonoveno, vigésimo, vigésimo primero, vigésimo tercero, vigésimo cuarto, vigésimo quinto, vigésimo sexto, vigésimo nono, trigésimo y trigésimo primero, Sección Primera de este Título, no podrán suspenderse en toda la República ni en parte de ella, sino temporalmente y por un plazo no mayor de noventa días naturales y cuando así lo exija la seguridad del Estado, en casa de invasión del territorio o de grave alteración del orden público o de movimiento de huelga general que amenace la paz pública.

**Artículo 42.** El territorio en que fueran suspendidas las garantías que se determinan en el Artículo anterior, se regirá durante la suspensión por la Ley de Orden Público, dictada de antemano; pero ni en dicha Ley ni en otra alguna podrá disponerse la suspensión de más garantías que las ya mencionadas.

«Las autoridades o funcionarios públicos que suspendieren alguna otra garantía, o éstos o sus agentes que cumplieren Leyes, Decretos-Leyes, Reglamentos, Órdenes y disposiciones de cualquier clase, sean cuales fueren el poder, autoridad o funcionario que las hubieren dictado, que violen lo establecido en el Artículo 41, no podrán alegar la obediencia debida, e incurrirán por eso en la responsabilidad criminal que determinen las Leyes vigentes, siendo siempre de los Tribunales ordinarios la competencia para conocer de estos casos».

**Artículo 43.** La suspensión de garantías de que se trata en el Artículo 41 sólo podrá dictarse por medio de un Decreto.

## Título V. De la soberanía y los Poderes públicos

**Artículo 44.** La soberanía reside en el pueblo de Cuba y de éste emanan todos los Poderes Públicos.

La legislación asegurará el libre y constante ejercicio de la soberanía popular.

# Título VI. De los Poderes públicos

**Artículo 45.**  El Poder público se ejerce:

Primero. Por el Presidente provisional de la República;

Segundo. Por el Consejo de Secretarios;

Tercero. Por el Consejo de Estado;

Cuarto. Por el Poder Judicial;

Quinto. Por los demás organismos y autoridades establecidos en la legislación.

# Título VII. Del Poder Ejecutivo

Sección primera. Del ejercicio del Poder Ejecutivo
**Artículo 46.** El Poder Ejecutivo se ejerce por el Presidente provisional de la República y su Consejo de Secretarios.


Sección segunda. Del Presidente de la República, y de sus atribuciones y deberes
**Artículo 47.** Para ser Presidente provisional de la República, se requiere:

Primero. Ser cubano por nacimiento o naturalización, y en este último caso haber servido con las armas a Cuba, en sus guerras de independencia, diez años por lo menos;

Segundo. Haber cumplido treinta y cinco años de edad;

Tercero. Hallarse en el pleno goce de los derechos civiles y políticos.

No podrá ser Presidente provisional de la República ningún miembro de las Fuerzas Armadas, ni los que de ella hubieren formado parte, sino después de cinco años de haber dejado de pertenecer a las mismas.

**Artículo 48.** El Presidente provisional ostentará siempre y a todos sus efectos la representación de la Nación.

**Artículo 49.** Corresponde al Presidente provisional de la República:

Primero.


a) Sancionar, promulgar, cumplir y hacer cumplir los Decretos-Leyes y las Leyes de la República;

b) Dictar los Reglamentos para la mejor ejecución de los Decretos-Leyes y de las Leyes;

c) Expedir los Decretos y las Órdenes que, para cuanto incumba al gobierno y administración del Estado, creyere conveniente, sin contravenir en ningún caso lo establecido en la legislación;

Segundo. Nombrar, remover y aceptar las reuniones a los Secretarios del Despacho, con o sin cartera;

Tercero. Nombrar, remover y aceptar las renuncias al Presidente del Consejo de Estado y al Alcalde municipal de La Habana, de acuerdo con el Consejo de Secretarios;

Cuarto. Dirigir las negociaciones diplomáticas y celebrar tratados con las otras naciones, debiendo someterlos a la aprobación del Consejo de Secretarios, sin cuyo requisito no tendrán validez ni obligarán a la República;

Quinto. Nombrar, con la aprobación del Consejo de Secretarios, al Presidente, Magistrados, Fiscal y Tenientes Fiscales del Tribunal Supremo de Justicia, a los Fiscales de las Audiencias y a los Representantes Diplomáticos de la República;

Sexto. Nombrar, para el desempeño de los demás cargos instituídos por la Ley, a los funcionarios correspondientes, cuyo nombramiento no esté atribuido a otras autoridades;

Séptimo. Suspender, dando cuenta al Consejo de Secretarios, el ejercicio de los derechos que se enumeran en el Artículo 41 de esta Ley Constitucional, en los casos y en la forma que se expresan en los Artículos 42 y 43;

Octavo. Indultar a los delincuentes con arreglo a lo que prescriba la Ley, excepto cuando se trate de funcionarios públicos penados por delitos cometidos, en el ejercicio de sus funciones;

Noveno. Recibir a los Representantes Diplomáticos y admitir a los Agentes Consulares de otras naciones;

Décimo. Disponer, como Jefe Supremo, de todas las Fuerzas Armadas de la República, fijando su número, organizándolas, reorganizándolas y nombrando a sus Jefes y oficiales;

Décimo primero. Proveer a la defensa del territorio de la República, dando cuenta al Consejo de Secretarios, y a la conservación del orden interior;

Décimo segundo. Recomendar al Consejo de Secretarios la adopción de los Decretos-Leyes y Resoluciones que creyere necesarios o útiles;

Decimotercero. Poner en vigor los Presupuestos nacionales;

Decimocuarto. Convocar a sesiones ordinarias y extraordinarias al Consejo de Secretarios cuando lo estime oportuno o lo soliciten cuatro de los miembros del Consejo.

**Artículo 50.** El Presidente provisional no podrá salir del territorio de la República sin autorización del Consejo de Secretarios.

**Artículo 51.** El Presidente provisional de la República será responsable ante el Tribunal Supremo en Pleno, constituido en Sala, de Justicia, por los delitos de carácter común que cometiere durante el ejercicio de su cargo, pero no podrá ser procesado ni detenido sino por el voto de las dos terceras partes del número total de miembros que constituyan el Tribunal Pleno.


Sección tercera. De la sustitución presidencial

**Artículo 52.** En todos los casos en que vacare la Presidencia provisional de la República, y mientras no estuviere designado el nuevo Presidente provisional en la forma establecida en el Artículo 53, asumirá las funciones de Presidente provisional, hasta que se haga dicha designación y ocupe el cargo el designado, el Presidente del Tribunal Supremo de Justicia, o la persona que estuviere desempeñando este cargo.

**Artículo 53.** Cuando vacare definitivamente la Presidencia provisional de la República, se procederá a la designación de un nuevo Presidente provisional por un Colegio Electoral, integrado por los miembros del Consejo de Secretarios y del Consejo de Estado, Colegio que será presidido por el Presidente del Consejo de Estado.

Para elegir Presidente provisional en la primera votación se requerirá el voto de las dos terceras partes del número total de los miembros que compongan el Colegio. Si no hubiere quórum o no obtuviere ninguna persona ese número de votos en primera votación, se celebrará una nueva sesión a las veinticuatro horas de la primera, y resultará designado quien obtenga la mayoría de votos de los asistentes.

# Título VIII. Del Consejo de Secretarios

Sección primera. Su organización

**Artículo 54.** El Consejo de Secretarios estará integrado:

Primero. Por el Presidente provisional de la República;

Segundo. Por el Secretario de Estado;

Tercero. Por el Secretario de Justicia;

Cuarto. Por el Secretario de Gobernación;

Quinto. Por el Secretario de Hacienda;

Sexto. Por el Secretario de Obras Públicas;

Séptimo. Por el Secretario de Agricultura;

Octavo. Por el Secretario de Comercio;

Noveno. Por el Secretario de Trabajo;

Décimo. Por el Secretario de Educación.

Décimo primero. Por el Secretario de Sanidad y Beneficencia.

Décimo segundo. Por el Secretario de Comunicaciones;

Decimotercero. Por el Secretario de Defensa Nacional;

Decimocuarto. Por el Presidente del Consejo de Estado;

Decimoquinto. Por el Alcalde municipal de La Habana;

Decimosexto. Por el Secretario de la Presidencia y del Consejo.

Y los Secretarios sin cartera que el Consejo de Secretarios acuerde.

Todos los miembros del Consejo de Secretarios tendrán voz y veto.

El Consejo de Secretarios, por medio de Decretos-Leyes podrá, a propuestas del Presidente provisional, dividir las Secretarías del Despacho, crear otras o refundir las que estime conveniente.

**Artículo 55.** Para ser Secretario del Despacho se requiere:

Primero. Ser ciudadano cubano;

Segundo. Haber cumplido veinticinco años de edad;

Tercero: Hallarse en pleno goce de los derechos civiles y políticos.

Sección segunda. De las atribuciones del Consejo de Secretarios

**Artículo 56.** Son atribuciones propias del Consejo de Secretarios:

Primero. Acordar cuantas medidas legislativas de carácter general estimare conveniente, dictando al efecto los Decretos-Leyes correspondientes;

Segundo. Aprobar los tratados que negociare el Presidente provisional de la República con otras naciones;

Tercero. Aprobar los nombramientos y remociones que haga el Presidente provisional de la República de los Secretarios del Despacho del Presidente y miembros del Consejo de Estado y del Alcalde municipal de La Habana;

Cuarto. Aprobar los no nombramientos que haga el Presidente provisional de la República del Presidente, Magistrados, Fiscal y Tenientes Fiscales del Tribunal Supremo de Justicia, de los Fiscales de las Audiencias y de los Representantes Diplomáticas de la Nación;

Quinto. Discutir y aprobar los Presupuestos de Gastos e Ingresos del Estado;

Sexto. Acordar empréstitos. Para esta decisión se requiere el voto conforme de las dos terceras partes de los miembros del Consejo de Secretarios;

Séptimo. Dictar disposiciones para el régimen del comercio interior y exterior;

Octavo. Establecer las contribuciones e impuestos de carácter nacional que sean necesarios para satisfacer las necesidades del Estado;

Noveno. Conceder amnistías; pero esta facultad no podrá ejercitarla en relación con delitos electorales de carácter doloso. Por delitos de otra índole cometidos con motivo u ocasión de las elecciones y por los de malversación de caudales públicos, sólo podrán ser amnistiados los que hubieren cumplido la tercera parte de la pena de privación de libertad impuesta;

Décimo. Acuñar moneda, determinando su patrón, ley, valor y denominación;

Décimo primero. Regular los servicios de comunicaciones, ferrocarriles, caminos, canales y puestos, creando los doce exija la conveniencia pública;

Décimo segundo. Fijar las reglas y procedimientos para obtener la naturalización;

Decimotercero. Declarar la guerra y aprobar los tratados de paz que el Presidente de la República haya negociado.

Sección tercera. De la iniciativa y formación de los
Decretos-Leyes, su sanción y promulgación

**Artículo 57.** La iniciativa de los Decretos-Leyes se ejercerá por el Presidente provisional de la República o por cualquiera de los otros miembros del Consejo de Secretarios.

**Artículo 58.** Los Decretos-Leyes acordados en Consejo de Secretarios serán sancionados y promulgados por el Presidente provisional de la República, con el refrendo del Secretario del Ramo que corresponda, y se publicarán en la *Gaceta Oficial* dentro de los diez días siguientes a dicha sanción.

Sección cuarta. De las sesiones del Consejo de<br>Secretarios

**Artículo 59.** El Consejo de Secretarios se reunirá cuantas veces fuere necesario o conveniente, convocado por el Presidente provisional de la República, por su iniciativa o a solicitud de cuatro de sus miembros.

Para poder celebrar sesión deberán estar presentes la irritad irás uno de sus miembros, y los acuerdos se tomarán por mayoría de votos de los Secretarios, excepto cuando otra cosa dispusiere esta Ley Constitucional.

Sección quinta. De los miembros del Consejo de<br>Secretarios

**Artículo 60.** Los Secretarios del Despacho con cartera desempeñarán las funciones que la legislación les confiera por razón de su cargo.

Los Secretarios del Despacho sin cartera desempeñarán las funciones que específicamente les encomienden el Presidente provisional y el Consejo de Secretarios.

**Artículo 61.** Todos los Decretos-Leyes, Decretos, Órdenes y Resoluciones del Presidente provisional de la República habrán de ser refrendados por el Secretario del Ramo correspondiente, sin cuyo requisito carecerán de fuerza obligatoria y no serán cumplidos.

**Artículo 62.** Los Secretarios del Despacho serán personalmente responsables de los actos que refrenden. Los miembros del Consejo de Secretarios serán solidariamente responsables de los actos que, juntos, acuerden o autoricen. Esta responsabilidad no excluye la personal directa del Presidente provisional de la República.

**Artículo 63.** Los miembros del Consejo de Secretarios, con excepción del Presidente provisional de la República, serán responsables, ante la Sala de lo Criminal del Tribunal Supremo, de los delitos que cometieren durante el tiempo en que ejercieren sus funciones.

**Artículo 64.** Los miembros del Consejo de Secretarios jurarán o prometerán ante el Presidente provisional de la República, al tomar posesión de sus cargos, desempeñarlos fielmente cumpliendo y haciendo cumplir esta Ley Constitucional y las demás de la República.


Sección sexta. De los Secretarios auxiliares del
despacho

**Artículo 65.** El Consejo de Secretarios podrá acordar el nombramiento de Secretarios auxiliares para las Secretarías de Estado y de Hacienda, con las funciones que acuerde asignarles.

# Título IX. Del Consejo de Estado

Sección primera. Su organización

**Artículo 66.** El Consejo de Estado estará formado por el número de miembros que el Consejo de Secretarios estime necesarios, y serán nombrados y removidos por el Presidente provisional de la República, con aprobación del Consejo de Secretarios.

**Artículo 67.** El Presidente provisional de la República designará, con la aprobación del Consejo de Secretarios, al Presidente, los Vicepresidentes y los Secretarios del Consejo de Estado.

**Artículo 68.** Para ser miembro del Consejo de Estado se requiere:

Primero. Ser ciudadano cubano;

Segundo. Haber cumplido veintiún años de edad;

Tercero. Hallarse en el pleno goce de los derechos civiles y políticos;

Cuarto. No desempeñar otro cargo retribuido de nombramiento del Gobierno, excepto el de catedrático por oposición de establecimiento oficial, obtenido con anterioridad a la designación.

Sección segunda. De las atribuciones y funcionamiento
del Consejo de Estado

**Artículo 69.** Son atribuciones propias del Consejo de Estado:

Primera. Integrar, con los miembros del Consejo de Secretarios, el Colegio Electoral a que se refiere el Artículo 63; y,

Segunda. Asesorar al Presidente provisional y al Consejo de Secretarios en cuantos asuntos soliciten su consulta, y las demás que le estuvieren expresamente atribuidas en la Ley Constitucional o en las demás Leyes o Decretos-Leyes que se dictaren.

**Artículo 70.** El Presidente, los Vicepresidentes y los Secretarios del Consejo de Estado jurarán y tomarán posesión de sus cargos ante la Sala de Gobierno del Tribunal Supremo.

**Artículo 71.** Los demás miembros del Consejo de Estado lo harán ante la Mesa del mismo.

**Artículo 72.** El Consejo de Estado quedará constituido cuando hayan jurado y tomado posesión por lo menos diez de sus miembros, y abrirá sus sesiones previa citación que hará el Secretario, de orden del Presidente.

**Artículo 73.** El Consejo de Estado acordará el Reglamento por el cual habrá de regirse.

# Título X. De la inmunidad

**Artículo 74.** El Presidente provisional, los miembros del Consejo de Secretarios y los miembros del Consejo de Estado serán inviolables por las opiniones y votos que emitan en el ejercicio de sus cargos.

Los miembros del Consejo de Secretarios y los miembros del Consejo de Estado sólo podrán ser privados de libertad con autorización del Cuerpo a que pertenezcan, excepto en el caso de flagrante delito, caso en que se dará cuenta lo más pronto posible al Cuerpo respectivo para la resolución que corresponda.

Si transcurrieran treinta días naturales de haberse pedido por un Juez o Tribunal, al Consejo de Secretarios o al Consejo de Estado, la autorización para privar de libertad a uno de sus miembros, sin que el Cuerpo resuelva sobre la autorización, se entenderá ésta concedida.

Si se negare expresamente la autorización, se instruirá el proceso, aunque sin privarlo de libertad, a no ser que opusiere resistencia al curso del procedimiento pero, una vez firme la sentencia condenatoria, tendrá que cumplirla, aun cuando ella implicare la pérdida de libertad.

# Título XI. Del Poder Judicial

Sección primera. Del ejercicio del Poder Judicial
**Artículo 75.** El Poder Judicial se ejerce por un Tribunal Supremo de Justicia y por los demás Tribunales que las Leyes establezcan. Éstas regularán sus respectivas organización y facultades, el modo de ejercerlas y las condiciones que deban concurrir en los funcionarios que los compongan.

Sección segunda. Del Tribunal Supremo de Justicia
**Artículo 76.** Para ser Presidente o Magistrado del Tribunal Supremo de Justicia, se requiere:

1. Ser cubano por nacimiento;

2. Haber cumplido treinta y cinco años de edad;

3. Hallarse en el pleno goce de los derechos civiles y políticos y no haber sido condenado a pena aflictiva por delito común;

4. Reunir, además, algunas de las circunstancias siguientes: Haber ejercido en Cuba, durante diez años por lo menos, la profesión de abogado; o desempeñado, por igual tiempo, funciones judiciales; o explicado, el mismo número de años, una cátedra de Derecho en establecimiento oficial de enseñanza.

Podrán ser también nombrados para los cargos de Presidente y Magistrados del Tribunal Supremo, siempre que reúnan las condiciones de los números primero, segundo y tercero de este Artículo:

a) Los que hubieren ejercido, en la Magistratura, cargo de categoría igual o inmediatamente inferior por el tiempo que determine la Ley;

b) Los que, con anterioridad a la promulgación de esta Ley Constitucional, hubieren sido Magistrados del Tribunal Supremo de Cuba.

El tiempo de ejercicio de funciones judiciales se computará como el ejercicio de la abogacía, a los efectos de capacitar a los abogados para poder ser nombrados Magistrados del Tribunal Supremo de Justicia.

**Artículo 77.** El Presidente, los Presidentes de Sala y los Magistrados del Tribunal Supremo serán nombrados por el Presidente provisional de la República, con la aprobación del Consejo de Secretarios.

**Artículo 78.** Además de las atribuciones que les hayan sido anteriormente señaladas y de las que en lo sucesivo les confieran las Leyes y los Decretos-Leyes, corresponden al Tribunal Supremo de Justicia las siguientes:

Primera. Conocer y juzgar de los delitos de carácter común que cometieren el Presidente provisional y los miembros del Consejo de Secretarios, durante el ejercicio de sus cargos respectivos, en la forma que determinan los Artículos 51, 62 y 63 de esta Ley Constitucional;

Segunda. Conocer de los recursos de casación;

Tercera. Dirimir las competencias entre los Tribunales que les sean inmediatamente inferiores o no tengan un superior común;

Cuarta. Conocer de los juicios en que litiguen entre sí el Estado, la Provincia y el Municipio;

Quinta. Decidir sobre la constitucionalidad de las Leyes, Decretos-Leyes, Acuerdos, Decretos, Reglamentos, Ordenes, disposiciones o actos de cualquier clase, sean cuales fueren el poder, autoridad o funcionario que los hubieren dictado o de que emanaren, a petición de parte afectada o a solicitud suscrita por no menos de veinticinco ciudadanos que estén en el pleno goce y ejercicio de sus derechos civiles y políticos. El recurso de inconstitucionalidad establecido a petición de parte afectada se presentará dentro del término que determine la Ley, y el suscrito por no menos de veinticinco ciudadanos, en cualquier tiempo. En los recursos de inconstitucionalidad el Tribunal Supremo deberá resolver siempre el fondo de la reclamación, a cuyo efecto señalará un término para que los recurrentes subsanen los defectos de forma que contuviere el recurso.

Declarada la inconstitucionalidad de una Ley, Decreto-Ley, Decreto, Reglamento, Orden, disposición o acto de cualquier otra clase, no podrá aplicarse nuevamente en ninguna forma ni con ningún pretexto;

Sexta. Nombrar, ascender, trasladar, suspender, corregir y separar a los funcionarios de la Administración de Justicia y aceptar sus renuncias de acuerdo con la legislación, con excepción de los que se mencionan en el Artículo 77 de esta Ley Constitucional.

Los nombramientos, ascensos, traslados y separaciones se harán por la Sala de Gobierno del Tribunal Supremo y dos Magistrados del propio Tribunal que se turnarán anualmente, debiendo tenerse en cuenta la antigüedad, capacidad y méritos del que se designe.

El ingreso en el Poder Judicial se hará por el sistema de oposición y concurso, formándose una lista de elegibles en la forma que determine la legislación.

**Artículo 79.** La justicia se administrará gratuitamente en todo el territorio de la República.

**Artículo 80.** Los Tribunales ordinarios conocerán de todos los juicios, ya sean civiles, criminales o contencioso-administrativo.

La jurisdicción ordinaria será la única competente para conocer de los delitos cometidos por civiles, y la militar juzgará a sus miembros por delitos cometidos por éstos dentro de zona militar, y también cuando los últimos sean acusados, conjuntamente con civiles; de delitos realizados en actos de servicio militar.

Suspendidas las garantías constitucionales que a los ciudadanos otorgan los Artículos relacionados en el número 41 de la Ley Constitucional de la República, y mientras dure ese estado de suspensión, la jurisdicción militar tendrá completa y exclusiva competencia para conocer y juzgar toda clase de delitos y faltas cometidos por militares. En estos casos los Jueces y Tribunales de la jurisdicción ordinaria se inhibirán inmediatamente, sin esperar a que se les requiera, a favor de la jurisdicción de guerra, de los sumarios o causas que hubieren incoado o que estuvieren tramitando contra individuos pertenecientes a las Fuerzas Armadas en servicio activo.

Una vez restablecidas las garantías constitucionales, la jurisdicción militar procederá asimismo, sin requerimientos y de modo inmediato, a inhibirse a favor de la ordinaria y remitirá las causas que estuvieren tramitándose y cuyo conocimiento corresponda a esta última jurisdicción.

Cuando el delito hubiere sido cometido o se cometa por miembros de las Fuerzas Armadas y el perjudicado sea civil y los Jueces y Tribunales de la jurisdicción ordinaria estimaren ser de su competencia los hechos denunciados, por no encontrarse en suspenso las garantías constitucionales al tiempo de la tramitación de la causa, o por estimar que no se trata de delito o falta cometidos en actos de servicio, la Sala de lo Criminal del Tribunal Supremo resolverá, como cuestión prejudicial, cuál de las dos jurisdicciones debe conocer del sumario en tramitación.

**Artículo 81.** Las resoluciones firmes de los Tribunales dictadas en los juicios en que el Estado sea actor o demandado tendrán que cumplirse sin excusa alguna, salvo en el caso de imposibilidad material apreciada por el propio Tribunal que hubiere dictado la resolución. En este caso, el Tribunal determinará la indemnización que deba abonarse al perjudicado, la cual será pagada con cargo a los fondos disponibles del ejercicio corriente, o, en su defecto, se incluirá en el ejercicio siguiente.

**Artículo 82.** No se podrá crear en ningún caso ni bajo ninguna denominación, Juzgados o Tribunales que tengan por objeto conocer de hechos de la competencia del Poder Judicial ocurridos con anterioridad a la fecha en que se promulgue la Ley que autorice dicha creación.

Los Tribunales de las Fuerzas Armadas regularán por una Ley orgánica especial, que será aplicable solamente a sus miembros.

Las Leyes penales militares no podrán definir ni castigar más que delitos y faltas esencialmente militares ni comprender a ninguna otra persona que las pertenecientes a las Fuerzas Armadas.

**Artículo 83.** Ningún funcionario del Poder Judicial podrá ser suspendido ni separado de su destino o empleo sino por razón de delito u otra causa grave debidamente, acreditada y siempre con su audiencia.

Tampoco podrá ser traslado sin su consentimiento, a no ser por motivo evidente de conveniencia pública.

**Artículo 84.** Todos los funcionarios del Poder Judicial serán personalmente responsables, en la forma que determinen las Leyes, de toda infracción de Ley que cometan.

# Título XII. Del Ministerio Fiscal

**Artículo 85.** El Ministerio Fiscal dependerá del Poder Ejecutivo.

**Artículo 86.** Dicho Ministerio se ejercerá por el Fiscal del Tribunal Supremo y por los demás funcionarios que las Leyes establecen o establezcan.

**Artículo 87.** Los nombramientos, traslados, ascensos, suspensiones y separaciones de todos los miembros del Ministerio Fiscal serán hechos libremente por el Presidente provisional de la República.

## Título XIII. Del régimen provincial municipal

**Artículo 88.** La organización del régimen provincial y del municipal será objeto de un Decreto-Ley orgánico provisional.

# Título XIV. De la Hacienda nacional

**Artículo 89.** Pertenecen al Estado todos los bienes existentes en el territorio de la República que no correspondan a las Provincias o a los Municipios, ni sean, individual o colectivamente, de propiedad particular.

# Título XV. De la duración del Gobierno provisional y la Asamblea Constituyente

**Artículo 90.** El Presidente provisional de la República que tomó posesión de ese cargo el día 18 de enero de 1934, cesará el día que señale la Convención Constituyente.

Si durante dicho término vacare la Presidencia provisional, el sucesor la desempeñará por el resto del tiempo que faltare hasta la fecha que señale la Convención Constituyente para la toma de posesión del Presidente electo, de acuerdo con la Constitución que adopte.

**Artículo 91.** Los miembros del Consejo de Estado desempeñarán sus cargos hasta la fecha que fije la Convención Constituyente.

**Artículo 92.** A la mayor brevedad posible, el Presidente provisional pondrá en vigor la Ley del Censo y la Legislación Electoral que acordará el Consejo de Secretarios, oído el parecer del Consejo de Estado.

Dicha Ley del Censo y la Ley Electoral referida tendrán por objeto preparar la reunión de una Convención Constituyente y la celebración de elecciones para cubrir los cargos de carácter electivo que la propia Ley Electoral determine.

**Artículo 93.** El Presidente provisional convocará a elecciones generales, que se celebrarán en la fecha que señale la Ley Electoral, para elegir delegados a la Convención Constituyente, que se reunirá dentro de los sesenta días siguientes a la fecha de su elección, y para cubrir los demás cargos electivos que fije dicha Ley.

**Artículo 94.** La Convención Constituyente redactará y aprobará libremente la nueva Constitución de la República.

**Artículo 95.** La Convención Constituyente deberá tener redactada y aprobada la nueva Constitución dentro de los cuatro meses siguientes a la fecha de la inauguración de sus sesiones, y esa Constitución será promulgada por el Presidente provisional dentro de los diez días posteriores a su aprobación.

**Artículo 96.** Las próximas elecciones generales y la transmisión de los Poderes al Gobierno que deba sustituir al provisional se realizarán conforme a lo que disponga la nueva Constitución.

# Título XVI. Sobre sanciones y amnistías

**Artículo 97.** Un Decreto-Ley decidirá sobre la validez o nulidad de las amnistías dictadas por los Gobiernos anteriores estableciendo el régimen de las sanciones revolucionarias.

## Título XVII. De la reforma de esta Ley Constitucional

**Artículo 98.** La Ley Constitucional de la República no podrá, después de los ciento ochenta días siguientes a su promulgación, reformarse total ni parcialmente, sino por el acuerdo de las dos terceras partes del número total de los miembros del Consejo de Secretarios y acuerdo también de las dos terceras partes del número total de los miembros del Consejo de Estado.

# Título XVIII. De las obligaciones internacionales

**Artículo 99.** El Gobierno provisional respetará y cumplirá los compromisos de carácter internacional legítimamente contraídos por los Gobiernos anteriores, así como todos los tratados vigentes, sin perjuicio de lo cual negociará la modificación del Tratado permanente entre Cuba y los Estados Unidos de América, para establecer las relaciones políticas entre ambas naciones sobre un régimen de absoluta igualdad.


## Disposiciones generales y transitorias

**Primera.** Se ratifica la declaratoria contenida en el Decreto presidencial número 1.298, de 21 de agosto de 1933, sobre nulidad de la reforma constitucional promulgada en 11 de mayo de 1928.

**Segunda.** Se deja sin efecto la Constitución de 21 de febrero de 1901.

**Tercera.** Se ratifica la destitución de los funcionarios electivos acordada por el Decreto presidencial número 1.298 de 21 de agosto de 1933.

**Cuarta.** Se dejan sin efecto los Estatutos para el Gobierno provisional de Cuba promulgados en 14 de septiembre de 1933, excepto en lo relativo a los Tribunales de Sanciones.

**Quinta.** Se declaran sujetos a revisión por el actual Gobierno provisional los nombramientos hechos por los anteriores en el Poder Judicial, en las Secretarías de Despacho, en los Gobiernos Provinciales y en las Alcaldías Municipales.

**Sexta.** Todas las Leyes, Decretos, Reglamentos, Órdenes y demás disposiciones que estén en vigor continuarán observándose, en cuanto no se opongan a esta Ley Constitucional, mientras no fueren especialmente derogados o modificados.

**Séptima.** Hasta tanto se promulgue la Ley Orgánica para el régimen de las Provincias y de los Municipios, las funciones de los Gobiernos Provinciales y Municipales se llenarán por Gobernadores y Alcaldes interinos; quienes habrán de atemperarse en lo que fuere posible a la legislación de la materia; y serán nombrados libremente y removidos, por justa causa, por el Presidente provisional con la aprobación del Consejo de Secretarios.

**Octava.** Las disposiciones del Artículo 81 no serán aplicables a las sentencias dictadas con anterioridad a la promulgación de esta Ley Constitucional.

**Novena.** Los preceptos de la Ley Constitucional relativos a la inamovilidad de los miembros del Poder Judicial comenzarán a regir el día 3 de agosto de mil novecientos treinta y cuatro, y los referentes a la del Ministerio Fiscal el día 30 del propio mes y año.

Se exceptúan del derecho de la inamovilidad reconocido en el Artículo 83 de esta Ley Constitucional a los Jueces municipales de cuarta clase y a los suplentes de todos los Juzgados Municipales, la que les será reconocida por la legislación en la forma conveniente.

Durante el tiempo de suspensión de esos preceptos, el Presidente provisional, con la aprobación del Consejo de Secretarios, continuará la reorganización de esos miembros del Poder Judicial y realizará la del Ministerio Fiscal, designando libremente a los funcionarios correspondientes.

**Décima.** El Consejo de Secretarios queda autorizado para modificar, adaptándolos a las necesidades de la República, los presupuestos vigentes para el ejercicio económico de 1933 a 1934.

**Décimo primera.** Las penas de muerte que se dicten durante la vigencia de esta Ley Constitucional o se encuentren pendientes de ejecución, no serán cumplidas en tanto no se produzca la voluntad nacional, en la Convención Constituyente que dé a la República su Constitución definitiva, respecto del mantenimiento o de la abolición de la pena capital.

**Décimo segunda.** Todos los funcionarios y empleados públicos deberán jurar o prometer, acatar y defender está Ley Constitucional.

Igual juramento o promesa prestarán los miembros de las Fuerzas de Mar y Tierra.

El juramento o promesa deberá prestarse dentro de los treinta días siguientes a la promulgación de esta Ley Constitucional, ante el funcionario o empleado que legalmente deba recibir, o en su caso, dar posesión al funcionario o empleado de que se trate.

**Decimotercera.** Esta Ley Constitucional será promulgada por el Presidente provisional y todos los demás miembros del Consejo de Secretarios.

**Decimocuarta.** Esta Ley Constitucional comenzará a regir desde la fecha de su publicación en la *Gaceta Oficial* de la República.

**Decimoquinta.** Todos los Juzgados y Tribunales organizados al tiempo de la promulgación de esta disposición transitoria, continuarán en el ejercicio de las funciones que les reconocen las Leyes y Decretos-Leyes en vigor, y asimismo seguirán sustanciando los sumarios actualmente en tramitación por el procedimiento ya establecido.

**Decimosexta.** Los miembros de los Tribunales de urgencia o de cualesquiera otros que se creen con objeto de reprimir los atentados terroristas y demás alteraciones del orden público, serán nombrados, trasladados y removidos libremente de dichos Tribunales por el Presidente de la República, sin perjuicio de la sanción que pueda imponérseles, en la forma que dispongan las Leyes, si su traslado o remoción se produjere por el incumplimiento de sus deberes en el ejercicio de su ministerio.

Dichos miembros serán designados entre los funcionarios del Poder Judicial o entre abogados ajenos al mismo.

Los Tribunales que se reorganicen en la forma que precede tendrán competencia para conocer de los procesos ya iniciados o que se inicien a consecuencia de hechos acaecidos con anterioridad.

Dada en el Palacio de la Presidencia, en La Habana, a los tres días del mes de febrero de mil novecientos treinta y cuatro.

CARLOS MENDIETA, Presidente provisional. COSME DE LA TORRIENTE, Secretario de Estado. ROBERTO MÉNDEZ PEÑATE, Secretario de Justicia. FÉLIX GRANADOS, Secretario de Gobernación y Guerra. JOAQUÍN MARTÍNEZ SÁENZ, Secretario de Hacienda. DANIEL COMPTE, Secretario de Obras Públicas. CARLOS M. DE LA RIONDA, Secretario de Agricultura y Comercio. JUAN ANTIGA, Secretario del Trabajo. LUIS A. BARALT, Secretario de Instrucción Pública y Bellas Artes. SANTIAGO VERDEJA, Secretario de Sanidad y Beneficencia. GABRIEL LANDA, Secretario de Comunicaciones. EMETERIO S. SANTOVENIA, Secretario de la Presidencia.

# Libros a la carta

A la carta es un servicio especializado para
empresas,
librerías,
bibliotecas,
editoriales
y centros de enseñanza;
y permite confeccionar libros que, por su formato y concepción, sirven a los propósitos más específicos de estas instituciones.

Las empresas nos encargan ediciones personalizadas para marketing editorial o para regalos institucionales. Y los interesados solicitan, a título personal, ediciones antiguas, o no disponibles en el mercado; y las acompañan con notas y comentarios críticos.

Las ediciones tienen como apoyo un libro de estilo con todo tipo de referencias sobre los criterios de tratamiento tipográfico aplicados a nuestros libros que puede ser consultado en Linkgua-ediciones.com.

Linkgua edita por encargo diferentes versiones de una misma obra con distintos tratamientos ortotipográficos (actualizaciones de carácter divulgativo de un clásico, o versiones estrictamente fieles a la edición original de referencia).

Este servicio de ediciones a la carta le permitirá, si usted se dedica a la enseñanza, tener una forma de hacer pública su interpretación de un texto y, sobre una versión digitalizada «base», usted podrá introducir interpretaciones del texto fuente. Es un tópico que los profesores denuncien en clase los desmanes de una edición, o vayan comentando errores de interpretación de un texto y esta es una solución útil a esa necesidad del mundo académico.

Asimismo publicamos de manera sistemática, en un mismo catálogo, tesis doctorales y actas de congresos académicos, que son distribuidas a través de nuestra Web.

El servicio de «libros a la carta» funciona de dos formas.

1. Tenemos un fondo de libros digitalizados que usted puede personalizar en tiradas de al menos cinco ejemplares. Estas personalizaciones pueden ser de todo tipo: añadir notas de clase para uso de un grupo de estudiantes, introducir logos corporativos para uso con fines de marketing empresarial, etc. etc.

www.ingramcontent.com/pod-product-compliance
Lightning Source LLC
Chambersburg PA
CBHW021347160726
47994CB00007B/2872